# ରୂପସୀ

# ରୂପସୀ
## ମୁକୁଲ୍ ମିଶ୍ର

BLACK EAGLE BOOKS
2019

BLACK EAGLE BOOKS

7464 Wisdom Lane
Dublin, OH 43016
E-mail: info@blackeaglebooks.org
Website: www.blackeaglebooks.org

First published by
BLACK EAGLE BOOKS, 2019

**Rupasi by Mukul Mishra**

Copyright © **Mukul Mishra**

All rights reserved. No part of this publication may be reproduced, stored in a retrieval system, or transmitted, in any form or by any means, electronic, mechanical, photocopying, recording or otherwise without the prior permission of the publisher.

Cover photo: Selfie by Mukul Mishra

Cover and Interior Design: Ezy's Publication

ISBN- 978-1-64560-007-7 (Paperback)

Printed in United States of America

'ମୋର ଦୀପ୍ତି ହିଁ ମୋର ଅନ୍ଧକାର'
ସେଇ ମୋର ଦୀପ୍ତ ଅନ୍ଧକାରକୁ........ !

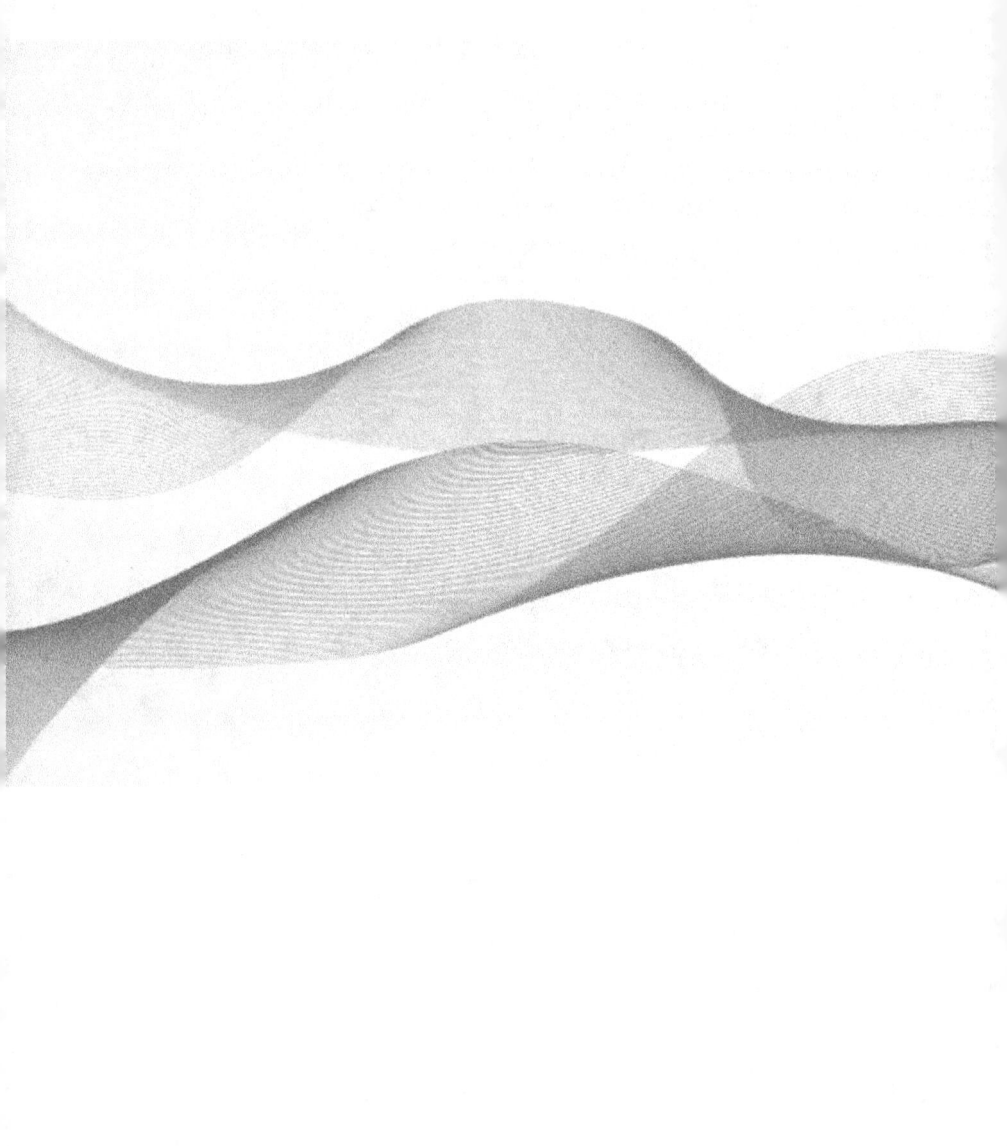

କେବଳ ଏତିକି କହିବି ରୂପର ମୀନାର ଉପରେ ଥାଇ
ଏକାବେଳେ ଭୋଗିବାକୁ ହୁଏ
ଅମୃତ ଓ ଉଚ୍ଛିଷ୍ଟ ।
ରାଜୁତି କରୁକରୁ ବି ରୂପ
ଦାସ ପାଲଟି ଯାଏ
ଅପନିନ୍ଦାର ପାଉଁଶ ସ୍ତୁପରୁ
କବିତା ଖୋଜୁଖୋଜୁ
ନିଆଁରେ ନଡ଼ିଆ ହୋଇ ଜଳେ ରୂପ ।
ତାକୁ ନ ବୁଝିବା ଯାଏ
ତୁମ ତତ୍ତ୍ୱ ଖୋଜା ବ୍ୟର୍ଥ ଯିବ ।
ଆଉ
କେବେ ପ୍ରେମ
କେତେ କବିତା
କେବେ ଲୁହ ତ
କେବେ ରକ୍ତ ହୋଇ ଏମିତି
କ୍ଷରୁଥିବ ରୂପସୀ !

|| ୧ ||

କେଜାଣି କେତେଥର
କୂଅଁରେ ବାଲ୍‌ଟି ପକେଇଲା ଭଳି
ରାତିର ଗଭୀରତାରେ
ଜାଣି-ଜାଣି ଫିଙ୍ଗିଦେଇଛି ନିଜକୁ !
ଶାଗୁଆ ହୃଦୟ ହିଡ଼ରେ
ବାରମ୍ବାର କିଳା ପିଟିଛି ସୁରକ୍ଷାର !

ଆଞ୍ଜୁଳାଏ ନିରବତାରେ
ବେଲପତ୍ର ଭଳି ଭାସିଯାଏ ଶବ୍ଦ ।
ମୁଁ ନିଜେ ଅନ୍ଧାର ପାଲଟିଯାଏ ।

ଦୁର୍ଭାଗ୍ୟ !
ସାତତାଳ ଅନ୍ଧାର ଭିତରୁ
ତଥାପି ଦଗାଲ୍ କରୁଥିବା
ନକ୍ଷତ୍ର ଭଳି
ପ୍ରତିଥର ଚେନାଏ ବାସ୍ନା ହୋଇ
ଫିଟିପଡ଼େ ସିନା
ଏକ ମାଂସାହାରୀ ଅଗଣାରେ
ଛେଳିପରି ବନ୍ଧା ମୋର ତ୍ରସ୍ତ ଦେହ !

ମତେ ପଚାର,
କେମିତି ବିଛା ଭଳି ବିନ୍ଧେ ଦୃଷ୍ଟି ।
କେମିତି କୁଷ୍ଠରୋଗ ଭଳି
ଖାଇଯାଏ ଗୋଟିଏ କାମୁକ ନଜର ।

କେଉଁଠି ପୁଣି
ଶହସ୍ର ଅଶ୍ଲୀଳ ପ୍ରଶ୍ନପତ୍ର
ଆଉ ମଝିରେ ଶିଥିଳ ଆତ୍ମବିଶ୍ୱାସକୁ
ଓଢ଼ଣି ଭଳି ଜାବୁଡ଼ି ଠିଆ ମୁଁ,
ଏକ ମାତ୍ର ଉତ୍ତର !

କବିତା ଲେଖେ,
ତମେ ଦେହ ପଢ଼ !
ପ୍ରେମ ଯାଚେ,
ତମେ ଦେହ ମାଗ !
ଜାଣେ, ପ୍ରତିଟି ଆଖିରେ
କେବଳ ଦେହଟିଏ ହୋଇ
ଦିଶେ ମୁଁ ।

କେହି କିନ୍ତୁ ଜାଣନ୍ତିନି
କେମିତି ଅଲୋଡ଼ାପଣରେ
କ୍ଷତାକ୍ତ ହୋଇ ଅପରାହ୍ନର
ଛାଇପରି
ଧୀରେ ଧୀରେ ଦେହ ଭିତରେ ହିଁ
ଘଟିଯାଏ ଗୋଟିଏ
ସୁନ୍ଦରୀ ଅସ୍ତିତ୍ୱର ଆତ୍ମବିଲୟ !

ତମେ ହିଁ କୁହ ନା
ରୂପ ଏକ ବରଦାନ ?
ଏଇ ଦେଖ,
ମୁଁ ତ ଦଣ୍ଡ ଭଳି
ଭୋଗୁଛି ସୌନ୍ଦର୍ଯ୍ୟ !
❑

॥ ୨ ॥

ଦେଖ !
ମହୁଫେଣାକୁ ମାଛି
ଜଗିଲାପରି କେହିଜଣେ
ଜଗିବସିଛି ମୋ ଆତ୍ମା ।

ଘୋରଣୀରେ ଗହମ ପରି
ପେଶିହଉଛି ଘଟ,
ଘଟରେ ମେଳାଲାଗିଛି
ଶହ-ଶହ ଶିହରଣର
ଫିକ୍-ଫିକ୍ ହସରେ
କେଡ଼େ ହାଲୁକା ଦେଖ
ଭିଣା ତୁଳାପରି
ଉଡ଼ିବୁଲୁଛି ସୁଖ

ଚାହିଁଥିଲେ ଗୋଟିଏ
ବେଣୀରେ ବାନ୍ଧିନେଇଥାନ୍ତି
ମହଣେ ସମ୍ପର୍କ ।

ଚକ୍-ଚକ୍ କାତିତଳେ ହିଁ
କୋମଳତା ଥିଲା
ଆଉ ମୁଁ
ସଂସାରସାରା ବନିଶୀ ପକେଇ
ବାୟାଣୀ ପରି
ଖୋଜୁଥିଲି ପ୍ରେମ।

ମଶାଲ ଧରି ବୁଲୁଥିବା
ମହୁମାଛି ବୁଝେନା
ଗୋଟେ ଫୁଲର ଦୀର୍ଘଶ୍ୱାସରେ
କେତେ ମହୁ,
କେତେ ନିଶା !

ଜୀବନସାରା କେବଳ
ଶୋଷ ତିଆରୁଥାଏ ମୁଁ,
ପୁରୁଷ ପାଇଁ,
ପ୍ରେମିକ ପାଇଁ,
ପିମ୍ପୁଡ଼ି ପାଇଁ,

ସେଇ ଶୋଷରେ ମୋକ୍ଷ ଖୋଜେ
ଆଉ
ତୃପ୍ତି ନାଁରେ କେବଳ
ଶତଛିଦ୍ର ମହୁଫେଣାଟେ ଥାଏ
ମୋ ପାଇଁ ଫମ୍ପାପଣର

ଏଣିକିମୁକ୍ତିକୁ ମୁର୍ଚ୍ଛି
ବନ୍ଦୀତ୍ୱର ମୂର୍ଚ୍ଛନାରେ

ବ୍ୟସ୍ତ ମୁଁ,
ମୋ ଭିତରେ ମହୁ,
ବାହାରେ ମାଛି ।
ବାକିସବୁ ବହଳିଆ ଛଳରେ
ମାତାଲ୍ ଏକ
ମହୁଲି ମିଠା ମାଦକ ।
❑

॥ ୩ ॥

ଏ ଯେଉଁ ବହଳ ଅନ୍ଧାରର
ସଂକୀର୍ଣ୍ଣତାଟେ ଦେଖୁଛୁ ରୂପସୀ
ତୋ ଉଡ଼ାଣର ପ୍ରତିଟି ଶୁଭଲଗ୍ନକୁ
ସେ ହିଁ
ତୋ ଗୋଡ଼ ସହ ଚୁଲିରେ
ପୁରେଇଦିଏ ଆଉ ତୁ ମୂର୍ଖ
ଡ଼ାହାଣୀ ଅମାବାସ୍ୟା ପାଳୁ।

ଏଇ ଛଳ ହସର
କିଟ୍ କିଟ୍ କାଳୀମାକୁ ତୁ ହିଁ
ଔଜଲ୍ୟ ଯାଚୁ
ତା ଅସାମର୍ଥ୍ୟ ତା'କୁ
ପାଉଁଶ କରିଦିଏ।

ନିଜେ କୋଇଲା ବି
ଜାଣିପାରେନା ଏ ପାଦତଳେ
ତରଳିଯାଉଥିବା ଅଙ୍ଗାର କଥା,
କ୍ଷତ ସହ ଯୁଝୁଥିବା

ତୋର ସମଗ୍ର ଯନ୍ତ୍ରଣା ତା'ର
ହୀନମନ୍ୟତାର ଊର୍ଦ୍ଧ୍ୱରେ।

ପ୍ରେମକୁ କେବେ ଆୟତ୍ତ
କରି ପାରିନଥିବା ଗୋଟେ
ଅଥର୍ବ ସାଧକ ସେ ଅନ୍ଧାର,
ସେ ଗୋଟେ
ସୁନ୍ଦ୍ରୁ ଉଲଗ୍ନ ଅନ୍ଧାରଭକ୍ଷୀ
ଭୋକ ହେଲେ,
ପତ୍ରରୁ ଚେରଯାଏଁ ସବୁଜ
ଶୀହରଣର ରୋମାଞ୍ଚରେ ଗଭୀର
ତୋ'ର
ଆଲୋକ ସଂଶ୍ଲେଷଣ।

ସତ କହିଲେ,
ସିଲିକନ୍ ଦିଆ ଛାତି ଧାରୀ
ଦେହଜୀବିର
ନୀଳନିଶା ପରି ଫମ୍ପା
ଏ ଉଆଁସ।

ଆହାଃ,
କେବଳ ବର୍ଣ୍ଣଭେଦର
ଗୀତ ଗାଇ ଗାଇ
ସୂର୍ଯ୍ୟାଲୋକରେ ଯିଏ
ଆଜୀବନ ଅନ୍ଧ
ତା'ର ବା
କେତେ ଗଭୀରତା! ❑

॥ ୪ ॥

ବାରମ୍ବାର ଦର୍ପଣର ଡ଼ାକ
ମତେ ମୋ'ଠୁଁ ଅଚିହ୍ନା କରୁଥିଲା ବେଳେ
ଠିକ୍ ଗୋଟେ
ମଲା ପାରା ଭଳି ଦିଶେ ମୁଁ।

କାହା ହୃଦୟରୁ କାନଫୁଲର
ପଥର ଭଳି ଝଡ଼ିପଡ଼ିବା ପରର କଷ୍ଟ
କ'ଣ ଦର୍ପଣ ବୁଝେ ?
ନିଆଁଝୁଲ ଯୋଡ଼ିଦିଏ
ଗହଣାର ପ୍ରତିଟି କଡ଼ି
ଚଢ଼ାଦାମ୍‌ର ହିସାବୀ ହାଟରେ
ସୁନାର ଶୂନ୍ୟତା ଖୁବ୍ ଭାରୀ।
ଅଥଚ
ଝଲେଇ ହେଲାଭଳି
ଗୋଟିଏ ବି ଅଙ୍ଗ ନଥାଏ ମୋ'ଠି।
କେବଳ ହଲେ
ନିଶ୍ଚଳ ଆଖି ଧୀରେ-ଧୀରେ
ଥରିଉଠୁଥାଏ ମଲାପାରାର ମୁହଁରେ

ମୂଲ୍ୟହୀନତାର ଓଜନ କୁଆଡ଼େ
ସମ୍ଭାଳି ପାରେନା ନାରୀ !

ମୋ'ର ଏ ଓଟପରି
ବଞ୍ଚିବାର କଳା,
ନିଜ ଶୋଷର ତଣ୍ଟିଚିପି
ମଶିଣା ପରି ବିଛେଇଦିଏ
ମିଠା ନଦୀ ।

କେଜାଣି କେଉଁ ସମ୍ମୋହନରେ
ମୁଁ ପେଡ଼ି ଭିତରେ ପଶେ
ଆଉ ଗୋଟେ
ସଙ୍କୋଚନ ପାଲଟିଯାଏ ତ
ସାପକାତି ପରି ଓହ୍ଲେଇଯାଏ
କେଳାର ସୁଆଗ ।

ମୋ ତଣ୍ଟିରେ ଅଶଦ୍ଧ
ଭେଦିଥିବା ଗୋଟେ କଣା,
କେବେ ଶୁଖୁନଥିବା
ଘା' ପରି ଯୋଡ଼େ ଆଖି,
ପୋଡ଼ା ଧୂଆଁ ପରି ଦୀର୍ଘଶ୍ୱାସ
ଆଉ ମରୁଭୂମି ପରି ଓଠ
କି ସୁନ୍ଦର ନା !

ଦେହ ଭେଦି ପାରୁନଥିବା
ଲୋଭର ନିବିଡ଼ତାରେ
ଅଣନିଃଶ୍ୱାସୀ ଗୋଟେ

ପ୍ରାଣ ହିଁ ଜାଣେ
ରୂପ ଭେଦି ଖାସ୍ ତାକୁ ହି
ଛୁଇଁଦେଲା ଭଳି
ସ୍ପର୍ଶଟେ କେବେବି ନଥାଏ
ଦର୍ପଣ ଭିତରେ କି
ଦର୍ପଣ ବାହାରେ।
❏

|| ୫ ||

ଏମିତି ଗୋଟେ ରବିବାର
ତୋ ଆଗମନକୁ ବନ୍ଦେଇ
ପାଛୋଟି ଆଣେ
ଝଡ଼ର ଉତ୍ସବକୁ ।

ଅଳସ ଭାଙ୍ଗୁଥିବା ମୁହୂର୍ତ୍ତ
କେବଳ ଆଇଁଷ ଚାହିଁଲା ବେଳକୁ
ତଳି ପେଟରୁ ଉଠିଥିବା ଅଇ
ତୋ ଓଠକୁ ଆସୁଆସୁ
କେମିତି କେଜାଣି ହସ ପାଲଟିଯାଏ ।

ଗୋଟେ ବି ନାଲିଗାର ପଡ଼େନା
ଜନ୍ମଦିନ କି ଋତୁସ୍ରାବର ତାରିଖରେ
ବ୍ୟଥାର ଜାମୁକୋଳିଆ
ଚିହ୍ନରେ କେବଳ ଭର୍ତ୍ତିଥାଏ ସମୟ ।

ତୋ ପ୍ରାର୍ଥନା ସରିବାବେଳକୁ
ସାହିତ୍ୟ ପୃଷ୍ଠାର

ଶେଷ କବିତାରୁ
ବିଭୁତି ଭଳି ଝରିପଡ଼େ କିଛି
କବିତା ଖାତାରେ
କଢ଼େଇର ଶାଗ ଭଳି
ଶାଙ୍କୁଡ଼ିଯାଏ ଆଜିର ଦିନ।

ପ୍ରତି କ୍ଷଣର ଏ ମରଣକୁ
କେମିତି ଯେ ରମଣ ଭଳି
ଭୋଗିପାରୁ ତୁ!

ତୀକ୍ଷ୍ଣ ଶବ୍ଦର ବାଘନଖ
ଛାତିରେ ଗଳି
ନିଗାଡ଼ି ଆଣେ ଭୋକ
କ୍ୟାରେମେଲ୍ କଷ୍ଟାଡ଼୍
ହୋଇ ଜମିଉଠେ ରବିବାର
ଛୁଟିଦିନ ଭଳି
ସରିସରି ଆସୁଥାଉ ତୁ!
❑

|| ୬ ||

ମାଟି ଦେହ
ମିଛ ମୋହ
ଦେବୀ, ଅସୁର, ସଂହାର, ସଂସ୍କାରର
ଏ ଅବୁଝା ମାୟା !
ଆଉ ମୋର
ଧାରେ ହସର ଦଶରା ।
◻

॥ ୭ ॥

ଏ ଉଆଁସର କଳଙ୍କ
ଏତେ ଗାଢ଼ ଯେ
ସେ ଜହ୍ନଟେ ହେବାକୁ ବାଧ୍ୟ !

ଯେଉଁ କଳିଜାଥରା ହେଣ୍ଟାଳର
ଛାତି ଚିରି ଛିଟ୍‌କି ପଡ଼େ ରକ୍ତ
ସେଇ ହେଣ୍ଟାଳର
ଆହ୍ୱାନ ହି ପୁଞ୍ଜି
ତାର କୋମଳ ଦାମ୍ଭିକତାର ।

କେବଳ ଅସୁର ଆଁ ନୁହେଁ
ତା ଜାତକ ସାରା
ବୁଢ଼ୀ ଅସୁରୁଣୀର ଲମ୍ବିଲା ଗୋଡ଼
ଆଉ ଫୁତ୍‌କାରୁଥିବା
ଗୁଡ଼ାଏ ବିଷାକ୍ତଫଣାର
ଛକିଘର ।

ସେ ଝୁଣ୍ଟେ ଆଉ
ପ୍ରତିଥର ଖୁଣ୍ଟିଆଣେ
କିଛି ଅବିଶ୍ୱାସ୍ୟ ସତ୍ୟ।

ପ୍ରତିଟି କେଶ ଫାଶରେ
ଶବଭଳି ଝୁଲୁଥିବା
ସହସ୍ର କଟାକ୍ଷ
ଓ ତା' ବେଶବାସରେ
ଅଣନିଶ୍ୱାସୀ ସଂକୀର୍ଣ୍ଣତାକୁ
ତା'ର କେବଳ
ଗୋଟିଏ ପଦ ଆହା!

ହେଲେ,
ମୌନିତା କଳଙ୍କି ହୋଇ
ଜମିଯାଏ ତା'
ଜିଭ ଅଗରେ
ଯେତେବେଳେ ଦଂଶନଠୁ ବେଶୀ
ଚୁମ୍ବନ ଚୋଟରେ
ଦାଗେଇଯାଏ ଲହୁଣୀ ଦେହ!

କହୁଥିଲି ନା!
ଏ ଉଆଁସର କଳଙ୍କ
ଏତେ ଗାଢ଼ ଯେ
ସେ ଜହ୍ନଟେ ହେବାକୁ ବାଧ!
❑

॥ ୮ ॥

ମୋର ମୂଲ୍ୟାୟନର
ବିଫଳ ଚେଷ୍ଟାରେ ନିଃସ୍ୱ
ଆଜି କୁବେର କୋଷ।

ଆତ୍ମାରୁ ଚେରେଇଥିବା
ଏ ଉଜ୍ଜ୍ୱଳତାରେ ତମେ
ବାସ୍ ଆଖି ପହଁରେଇଲେ ହିଁ
ଛାଣିଆଣିବ ସମୁଦ୍ରେ ମୁକ୍ତା
ଯେତେ ଲମ୍ବ ହାତ କିନ୍ତୁ
ସେତିକି ଅପହଞ୍ଚ
ଏ ଗଭୀରତା।

ଶୁଣିଛି
ମହଣ ମହଣ ଅଙ୍ଗାର
ହୀରା ପାଲଟି
ଟେଳାଏ ଗୁଡ଼ ଭଳି ଦ୍ରବିଭୂତ
କେବଳ ପ୍ରେମରେ।

ମୋର ବି ଅପେକ୍ଷା
କେବେ କେଉଁ ଯୋଗୀର

ସାଧନାରତ ଦମ୍ଭରେ
ପକ୍ଷୀଭଳି ମୁକୁଳିବ
ଏ ଅମୁକ୍ତତା ।

ମୋ ପାଇଁ
କୃଷ୍ଣ ବୋଲି କେହି ନଥିବା
ଏ ଭୂଇଁରେ ମୁଁ
ବିବସନା ହେବାର ଭୟ ଭାଙ୍ଗି
ଢ଼େଣା ମେଲେ
ଆଉ କାଚ ବାଟି ଭଳି
ରାସ୍ତାରେ ଗଡ଼େ
ଯେତେ ତୃଷାର୍ତ୍ତ ଆଖି !

ସଂଜମତାକୁ ତମ୍ବା ପଇସା ଭଳି
ସଞ୍ଚିଛି ବୋଲି ତ ଏ ତେଜ ।

କୋଇଲା ଗୁଣ୍ଡ ଭଳି
ବିଛେଇ ପଡ଼ିଛି ଆମାବାସ୍ୟା
ତୁଚ୍ଛା ଅନ୍ଧାରକୁ
ଶ୍ଳୋକ ଭଳି ଗାଉଅଛି ଦେଖ
"ଯୋଗୀ"

ସେ କି ଜାଣେ
ରୂପର ଏ ମେଘ ତଳେ
ଆହୁରି ରୂପସୀ ଗୋଟେ
ମନ-ଜହ୍ନ ଯେ
ଏଯାଏ ଅନାବିଷ୍କୃତ ! ❑

॥ ୯ ॥

ସେ ଗୋଟେ ଆକଣ୍ଠ
ଅନିର୍ବାପିତ ଶୋଷ
ପାଲଟିଗଲା ପରେ
କେଉଁ ଆଖିରୁ ବର୍ତିବ ?
କେଉଁ ବନ୍ଧନରୁ ମୁକୁଳି
ଅଲଗା ଠିଆ ହେବ ଯେ
ନିଜତ୍ୱଟେକୁ
ନିଆଁ-ନଈରୁ ଅକ୍ଷତ ରଖିବ ?

ବିଷୋଦ୍‌ଗାରରେ ବିପର୍ଯ୍ୟସ୍ତ
ଫଣାସବୁ
କେଳାହାତରେ ପୋଷା ମାନିବାକୁ
ବ୍ୟାକୁଳ ହେଲାବେଳେ
ତା'ର ଟୋପାଏ ଅମୃତ
ଝରେଇଦେବା କ'ଣ ଯଥେଷ୍ଟ ?

ଜାଣେ,
ସେ ଗୋଟେ ଫୁର୍ଲିଝରଣ ନୁହେଁ
ଯେ ପ୍ରେମ ପ୍ରପାତ ହୋଇ
ଚରିଯିବ ସାରାଟା ଦେହ !

ତା'ର ବିଶ୍ୱାସ ଯେଉଁଠି ଜୀବନ ପାଖରେ
ବେଠି ଖଟୁଛି ନିଃଶ୍ୱାସ
ଭଙ୍ଗାକାଚର ଶେଯପାରିବି
ସୁନ୍ଦରତମ ସ୍ୱପ୍ନ
ଦେଖିପାରେ ସେଠି
ମୁଣ୍ଡାଏ ତୁଳା ।

ପ୍ରେମ ଭଳି ଗୋଟେ
ଆକସ୍ମିକ ମିଠା ଭ୍ରମରେ ପଡ଼ି
କାହାର ମୋହ ଭଙ୍ଗରେ
ନିଜେ କ୍ଷତାକ୍ତ ହେବାରେ
ତା'ର କି ଲୋଭ ଦେଖ ।

ରୂପର ରୋଚକ ଉପନ୍ୟାସର
ଶେଷ ଧାଡ଼ିରେ ଏଯାଏଁ
ଟଣା ହୋଇ ନଥିବା
ପୂର୍ଣ୍ଣଚ୍ଛେଦ ପରି ତା'ର
ଉହ୍ୟ ଅନୁରାଗ ।

ନିଜେ ଗୋଟେ ରାଣ
ବା ସଂକଳ୍ପ ହୋଇ ସେ
ଗଣ୍ଠି ପକେଇ ସାରିଛି

ଯେଉଁ ଶିରା ଆଉ
ଧମନୀରେ
ତାକୁ ଖୋଲିବାର ଚେଷ୍ଟା
ହିଁ ବ୍ୟର୍ଥ !

ଚିରକାଳ
ଭୟଟେ ବାଟ ଓଗାଳିଥାଏ
ଆଉ ସେ ପ୍ରତିଦିନ
ମୁଠାଏ ତାସ୍ ଭଳି
ଫେଣ୍ଟିଚାଲିଥାଏ ତା
ସାହସର ଦଶଦ୍ୱାର !
❑

|| ୧୦ ||

ମେଘମନା ହେବାର
ଅନେକ ପୂର୍ବରୁ
ଘନୀଭୂତ ସେ,
ଖୀରରେ ଫୁଟି ଗାଢ଼େଇଯାଉଥିବା
ସାଗୁ ଭଳି ।

କେବଳ ଟେର ପାଇଁ
ମାଟିରେ ପାଦ ପୋତି
ଶୁଷ୍କତାର ହାହାକାର
ଭୋଗୁଭୋଗୁ ଶୂନ୍ୟେଇ ଯାଇଥାଏ
ଯାହା ତା ଭାଗର ମେଘ ।

ଚାରିପାଖେ ବର୍ଷାର ପର୍ଦ୍ଦା,
ଅଗଣାରେ ତାଣ୍ଡବ କରି
ଫେରିଯାଉଥିବା
ଶହସ୍ର ଶ୍ରାବଣ ଆଉ
ଟୋପାଏ ବି ଜଳ ଭେଦି

ପାରୁନଥିବା ତାର
ମରୁଡ଼ିଗ୍ରସ୍ତ ଆତ୍ମା !

ଓ ! ! ରୂପସୀ ଟେ
ମରୂବାସୀ ହେବାର
କି କାଠୁଆ ଯନ୍ତ୍ରଣା !

ଯେତିକି କଠୋର
ଜ୍ୱଳନ ସହ ଯୁଝି-ଯୁଝି
ଜଳକୁ ସାଧିବା
ସେତିକି କୋମଳତାରେ
ଆଷାଢ଼େଇ ଦେଉଛି ସେ
ସାରାଟା ପୃଥିବୀ ।

ଅଥଚ,
ନିଜପାଇଁ ବର୍ଷୁକି ଭାଗ୍ୟଟିଏ
ନିର୍ମାଣ କରିବାରେ
କାଳ କାଳ ଅସଫଳ
ନିଜେ ବର୍ଷାଖୋର୍ ରୂପସୀ !
❑

|| ୧୧ ||

ତା' ପାଦପାଇଁ
ଚଟାଣ ପାଲଟିପାରେନା ଯିଏ
ସେ କୋଉ ପ୍ରେମିକରେ ଗଣା ?

ତମେ ଭାବନା ଯେ
ଗୋଟିଏ ଘର୍ମାକ୍ତ ପ୍ରହର ଆଣି
ଖଞ୍ଜିଦେବ ତା ଦେହରେ
ଆଉ ସେ ଶୋଷିନେବ
ବର୍ଯ୍ୟରୁ ସୂର୍ଯ୍ୟ ଯାଏ ।

ପୁଣି ସବୁ ମରିଚୀକାର ଆତ୍ମା
ଜୀବନ୍ୟାସ ପାଇଯିବେ
ତା'ଠାରେ ।

ତମେ ତୃପ୍ତ ହେବାଯାଏ
ଯିଏ ଛଳ-ଛଳ
ତମ ଅତୃପ୍ତିରେ କାହିଁକି

ଫାଳ-ଫାଳ ହେବ ସିଏ ?
କାହିଁକି ବେଳେ-ବେଳେ
ସେ ସ୍ୱଇଚ୍ଛାରେ
ନିଆଁରେ ଝାସଦିଏ ତ
ଆଉ କେବେ
ଏତେ ଟିକିଏ ଧାସ ବି
ତା' ପାଇଁ ଅସହ୍ୟ !

ଦହନ ପାଇଁ ପ୍ରେମ
ଲୋଡ଼େ ଯିଏ
ତାକୁ ଶୀତଳ କରିବା ପାଇଁ
ଆବାହନ କରାଯାଏନା ।

ଧାରେ ଶିତଳ ହସରେ
ଶିଥିଳ ପଡ଼ିଯାଇଥିବା
ଉତ୍ତେଜନା ନେଇ
ଖୋଜୁଛ କ'ଣ !!
ପ୍ରେମ ?

ହିସାବ୍ ମାଗେନି ସେ
ଅଲଗା କଥା
କିନ୍ତୁ ତା ଋଣ ଭାରରେ ଗ୍ରସ୍ତ
ତା' ରୂପ ଦେଖି
ସ୍ଖଳିତ ହୋଇଥିବା
ପ୍ରତିଟି ପୁରୁଷ !
❑

|| ୧୨ ||

ଧୂପର ଧୂଆଁ
ଆଉ ଘଣ୍ଟ-ଶଙ୍ଖର ଶବ୍ଦ
ବହଳ ହେଲା ବେଳକୁ ଆଜି
ଦେବୀର ବଦଳିଯାଉଥିବା
ମୁହଁ ଦେଖିଲି ବଉଳ ।

ଶୋଢ଼କାଏ ନିଃଶ୍ୱାସକୁ
ଆତୁର ସେ ମୁହଁ
ଠିକ୍ ମୋ ପରି
ମୋ ମାଁ ପରି
ତୋ ପରି ଆଉ ତା'ପରି ।

ତା ଅସ୍ତିତ୍ୱକୁ ମାଟିରେ ମିଶେଇ ସାରି
ରାକ୍ଷାସ ତା ପାଦତଳେ
ଲୋଟିବାର ପ୍ରହସନ ଦେଖିଲି ।

ଶୋଷକକୁ ଶ୍ଳୋକ ପରି
ଉଚ୍ଚାରୁଥିବା ଭକ୍ତ
ଆଉ ପ୍ରତାରଣାକୁ
ଚୁଲିର ପାଉଁଶ କରି ଦେଇଥିବା
ଈଶ୍ୱରୀ ଦେଖିଲି

ଶସ୍ତ୍ର ଧାରିଣୀ ଦଶଟି ଭୂଜା ଭିତରେ ବଉଳ
ଆଜି ଦୁଇଟି
ଥର-ଥର ହାତ ଦେଖିଲି ।
❑

॥ ୧୩ ॥

ବ୍ୟାକୁଳତାର ରଙ୍ଗ ବେଲୁନ୍
ଫାଟିସାରିଥିଲା। ଆଉ ମୁଁ
ଚେନାଏ ଶୀତଳ ପବନ ଭଳି
ପହଁରୁଥିଲି ଶୂନ୍ୟରେ।

ସମୁଦ୍ରକୁ, ଶୂନ୍ୟତାକୁ,
ଆକାଶକୁ ଯାଚିଦେଲି ସର୍ବସ୍ୱ।

ଗୋଟେ ଶିହରଣ
ତୀର ଭଳି ଭେଦୁଥିଲା ମତେ,
ଠିକ୍ ସେଇଠି ଅଟକି ରହିଲା ଆୟୁଷ।

ଶୂନ୍ୟତା ଏତେ ଜୋର୍‌ରେ
ମତେ ଜାବୁଡ଼ି ଧରିଲା ଯେ
ମୁଁ ଗୋଟାପଣେ ନୀଳ।
କେହି ନିଘା କରିନି ରକ୍ଷା !

କାନରେ ଫିସ୍ ଫିସ୍ କହିଲା
ଏ ଖାଲିପଣ ବ୍ୟାପ୍ତ
କେବଳ ତୋ ଠାରୁ ମୋ ଯାଏ
ବାକି ସବୁ ମିଛ।

ପ୍ରତିଥର ଅସମର୍ଥତା
ତା' ହାତର ବୁଢ଼ାଆଙ୍ଗୁଳି
ତଳକୁ କରି ଖତେଇ ହୁଏ ମତେ।

ନା ! ମୁଁ ଜମ୍ମା ଲୋଚା କୋଚା
ହୁଏନା
ଜାଣେ,
ମୋର ଏ ଗଭୀରତା
ଯେତିକି କଷ୍ଟଦାୟୀ ଅନ୍ତତଃ
ସେତିକି ସମୃଦ୍ଧ ମୁଁ।

ସେଥିପାଇଁ
ସରିଯାଉଥିଲେ ବି ନିଜେ
ନିଜକୁ ଖୋଳିଚାଲେ।

ମନ ଭାଙ୍ଗିବାର ଶବ୍ଦକୁ
ଏଡ଼େ ବାଗରେ ଗୁଣୁଗୁଣାଏ ଯେ
ତାଳିରେ ଫାଟିପଡ଼େ ସହର।

କ୍ଷତକୁ ଖୁଣ୍ଟି ଖୁଣ୍ଟି
ଅକ୍ଷର ବସାଇବା ତ
ମୋର ବିଳାସ।

ଜଳନ୍ତା ଅଙ୍ଗାର ତଳେ
ଟେଳାଏ ଘିଅ ପରି ମୋର ଏ ଶବ୍ଦ
ନେବ ? ନିଅ !

ଚାହିଁଲେ ଆଘ୍ରାଣ କର
ଚାହିଁଲେ ପାଣିଛାଟି
କୁହୁଳେଇ ଦିଅ ସଂସାର
କିଛି ଯାଏ ଆସେନା !

ସେଦିନ ଏତେ ଉପରୁ
ବାଦାମ୍ ଚୋପାଭଳି ଖସି ପଡୁଥିବା
ମୁଖାତଳେ ବଡ଼ ବିଚିତ୍ର
ଦିଶିଲ ତମେ ସବୁ ।
ଖୁବ୍ ହସିଲି । ମୋ ଅଳରା କେଶ
ସହ ଉଡ଼ି ଉଡ଼ି
ଅଡୁଆ ହୋଇଯାଇଥିଲା ବିଶ୍ୱାସ ।

ସେତିକି ବେଳୁ ଭାବୁଛି
ପ୍ରେମରେ ନିଃସ୍ୱ ହେବାର ନିଶା
କ'ଣ ଏଡ଼େ ହାଲୁକା
ଯେ ମୁଁ ଆରମ୍ଭରୁ ଶେଷଯାଏଁ
ଅସ୍ତିତ୍ୱହୀନତାର ନୀଳରଙ୍ଗରେ
କେବଳ ଖଣ୍ଡେ ମେଘ
ହୋଇ ଭାସି ଚାଲିଛି
କେଜାଣି !
❑

॥ ୧୪ ॥

ଚନ୍ଦ୍ରବନ୍ଧନୀ ଭିତରେ
ରହିଯିବା ଏକ ବିକଳ୍ପ
ଆଉ
ଧାଡ଼ିଟିଏ
ପୂର୍ଣ୍ଣଚ୍ଛେଦକୁ ଓପାଡ଼ି
ଆଗକୁ ମାଡ଼ିଯିବା ହିଁ
ବୋଧେ ସଂକଳ୍ପ ।
❑

|| ୧୫ ||

ଯେଉଁଠାରୁ ସ୍ଥିରତାକୁ
ଲମ୍ଫ ଦେବା
ଦୁଃସହ ହୋଇଯାଏ
ଠିକ୍ ସେଇଠାରୁ ହିଁ
ଆରମ୍ଭ ହୋଇଯାଏ
ଛିଣ୍ଡିବାର ଖେଳ।

ଏକଥା ସତ ଯେ
ଆଖି ଖୋଲିଲା ବେଳକୁ
ପ୍ରତିଟି ସକାଳ
ଲେଖି ସାରିଥାଏ ତାର
ସର୍ତ୍ତାବଳୀ।

କେବେ ସଂନ୍ଧି ଓ ସମାଧାନର
ନିଃଶବ୍ଦତା,
କେବେ ଯୁକ୍ତି ଓ ଯୁଦ୍ଧର
କୋଳାହଳ,

ଆଉ ମଝିରେ
ରାତି ପରି ପାହିଯାଉଥିବା
ନିଃସଙ୍ଗତା ।

ଆରୋହଣକୁ
କବଚ ପରି ପିନ୍ଧିଥିବା
ପାହାଡ ଚଢ଼ାଳୀ ପରି
ଏବେ ମୁଁ ପ୍ରସ୍ତୁତ ।

ଏ ଅଲଂଘ୍ୟ ଦୁର୍ବଳତା
କେବଳ ଆତ୍ମା କି ଅବୟବର
ନୁହେଁ ।
ଜନ୍ମ ପରେ ଜନ୍ମ
ମୋକ୍ଷକୁ ଜଗିବସିଥିବା
ଗୋଟେ ଘଟ ଓ ଘାଟର ଗପ ଯେ ।

କଥା ଥିଲା
ନିଆଁ ସହ ଶିଶୁପରି
ଖେଳୁଥିବା ପତଙ୍ଗ ଓ
ତାର ଦୁଃସାହାସକୁ ହିଁ
ପଠା ହେବ ଯୁଦ୍ଧକ୍ଷେତ୍ର ।
ଅତଏବ ମୁଁ ପ୍ରସ୍ତୁତ !
❑

॥ ୧୬ ॥

କ୍ଷୟ କରି ଶିଖିନୁ ଯେବେ
କ୍ଷମା ଦେ।

ନିଜ ଉଦାରତାରେ ନିଜେ
ନିଃସ୍ୱ ପାଲଟିଯା ପଛେ
ଚକ୍-ଚକ୍ ଆବରଣରେ
ଗୁଡ଼େଇ ଗୋଟି ଗୋଟି କରି
ବାଣ୍ଟିଦେ ହାତଗୋଡ଼,
ହୃଦ୍‌ପିଣ୍ଡ, ଧମନୀ, ଗର୍ଭାଶୟ ଓ ବଞ୍ଚିବାର
ଶେଷତମ ସମ୍ବଳ
ଧାଡ଼ିରେ ଛିଡ଼ା କ୍ଷମାପ୍ରାର୍ଥୀଙ୍କୁ।

ତଥାପି
ଧାନମଡ଼ା ପରର
ଚାଉଳ ଭଳି ତୁ ଅକ୍ଷତ।

ତୋ ନାଭିକେନ୍ଦ୍ରରେ
ନିଅ ଖୋଳି
ସମୃଦ୍ଧ ହେଉଛି ବିଶ୍ୱ,

ବିଶ୍ୱର ଅକାତ-କାତ ତୃଷ୍ଣା
ଆଉ ସାତ ସମୁଦ୍ରର ଉତ୍ସ
ତୋରି ବକ୍ଷ।

ଏବେ କହ !
କେଉଁ ଅମାନବର କଳାଦୃଷ୍ଟି,
କଳାଛୁଆଁ କି
କଳାଶଙ୍ଖ ତତେ କଳଙ୍କିତ
କରିବାରେ ସମର୍ଥ ଯେ !

ପ୍ରତିଟି ଭ୍ରମ,
ଭ୍ରମର ଆଉ
ଭ୍ରମିତ ପ୍ରହରୀକୁ
ମଇଳା ଭର୍ତ୍ତି ନଖଭଳି
କାଟିଦେଇ ବେଶ୍ କରିଛୁ !

ତୋ ଅଣ୍ଟାରେ ଗଙ୍ଗା
ଆଉ କୋଳରେ
ଆଲୁଅର ଠିକଣା ଖୋଜୁଥିବା
ନାବିକ କାହୁଁ ଜାଣିବ,
କଳଙ୍କିନି ବୋଲି
ଆଖ୍ୟାୟିତ ହେଲା ପରେ ଯେ
ଅନ୍ତହୀନ ସୂର୍ଯ୍ୟାଲୋକର
ଗନ୍ତାଘର
ଏବେ ତୋର ପ୍ରତିଟି ଜାଇ
ଆଉ ରୋମଛିଦ୍ରରେ ଗଚ୍ଛିତ !
❑

॥ ୧୭ ॥

ମାନୁଛି,
ତରଳି ଯାଉଥିବା ଓଠର
ସରଗମ୍‌ରେ ପ୍ରେମରାଗ
ଖଞ୍ଜି ବସନ୍ତଟେ ଗଢ଼ିଦେବା ସହଜ।

ଋତୁ କଥା ଛାଡ଼,
ସେ ତ ଚେନାଏ ପାଗଳ
ପଥଭ୍ରଷ୍ଟ ପବନ,
ଲୁହ ଛୁଇଁଦେଲେ ବର୍ଷା ଆଉ
କୋହ ଛୁଇଁଦେଲେ କୁହୁଡ଼ି।

ବର୍ଷାଭିଜା ସବୁ ଦେହ
ଗୋଟେ ଗୋଟେ ପ୍ରେମତୁଠ ନୁହେଁ
ସତ,
କୁହୁଡ଼ି ଆଚ୍ଛାଦିତ ସବୁ ମୁହଁ
କିନ୍ତୁ ବୁନ୍ଦାଏଲେଖା କାକର,
ଲୋଭେଇଯାଇ ଛୁଇଁଲମାନେ
ଉଭାନ୍!

ବସନ୍ତକଥା କହୁଥିଲି ନା।
କେବଳ ପ୍ରେମଜୀବି ବୋଲିତ
ଅସ୍ଥାୟୀ ସେ!

ସବୁ ରଙ୍ଗରେ ଭିଜିସାରିଲା ପରେ ବି
ପ୍ରେମରେ ପତ୍ରଝଡ଼ା ଆସୁଆସୁ
ବସନ୍ତ ପୁରାପୁରି ବାସି!

ମୁହଁବୁଲେଇ ଚାଲିଯାଉଥିବା
ପ୍ରେମିକର ପାଦତଳେ
ଝଣ୍‌ଝାଣ୍ ହୋଇ
ଗଡେଇହୁଏ ଦେହଦର୍ପଣ
ଆଉ ଦାଗରେ ଦାଗରେ
ଭର୍ତ୍ତି ହୋଇଯାଏ ଛାତି।

ତମେପରା କୁହ
ଏ ମୌସମ୍‌ଟା ବେଇମାନ୍
ବୋଲି ହିଁ
ହୃଦୟରେ ଯେତେ ସବୁ ତୋଫାନ,
ଯେତେସବୁ ଭିଆଣ।

ଏବେ କୁହ
ପ୍ରେମିକାର କଲିଜା ଓଟାରିନେଇ
ଖୋଲାଛାତିରେ
ଲକେଟ୍‌କରି ପିନ୍ଧିବୁଲୁଥିବା
ନିଷ୍ଠୁରପ୍ରେମିକ ବେଇମାନ୍
ନା ବିଚରାଋତୁ?
❑

|| ୧୮ ||

ପଚାରନା କେତେ
ଔଜ୍ଜଲ୍ୟ ଆହୁରି ବାକି ଅଛି
ମୋଠି
ପ୍ରତିଟି ଅନ୍ଧାରକୁ ହିଁ ଯେ
ସଳିତା କରି ଦୀପ ମୁଁ ଜାଳିଛି ।
❑

॥ ୧୯ ॥

ଆଖିରେ ଜଳମଗ୍ନତା
ଆଉ ବାଟମାରଣା ରିଲିଫ୍ ଭଳି
ତୋ ପ୍ରାପ୍ୟର ଏବେ
ଭସାଣୀ ଯାତ୍ରା ।

ଗୋଟେ ତରଳିଯାଉଥିବା
କବିତାକୁ ସମ୍ଭାଳିନେଲାଭଳି
ଦମ୍ଭ କାହିଁ କୋଉ ସ୍ତମ୍ଭରେ,
ଶିଉଳିଚରା ପ୍ରତିଟି ନିଶୁଣୀ ତ
ବିଶ୍ୱାସଘାତକ !

ଭୁଲିଯାଆନା, ପ୍ରେମଟା ଏଠି
କେବଳ ଗୋଟେ
ନାଲି ପାନପତ୍ର ଚିହ୍ନ ।

ଏଣୁ ଅନ୍ତତଃ
ବୁଡ଼ିଯିବାଯାଏଁ ଏ
ପ୍ରେମାକୁଳତାର ଗନ୍ଧମାର୍ଦ୍ଦନ

ତୁ ନିଜେ ହି ମୁଣ୍ଡେଇରଖ୍
ରୂପସୀ ।

ତୁ ପ୍ରେମହରା ହୋଇ
କୁତ୍ସିତ ମୁହଁଟେ ପାଲଟିବା
ପୂର୍ବରୁ ହିଁ ହୁଏତ
ସମୁଦ୍ରରେ ଲୀନ ହୋଇଯିବ
ପୃଥିବୀର, ସବୁତକ ଦର୍ପଣ,
ଦ୍ୱାରବନ୍ଧ ଭାଙ୍ଗିଦେଇ
ଫେରିଆସିବ ବନ୍ୟାଜଳ,
ଧୂଆଁରେ କୋଉଠି ମିଳେଇଯିବ
କାଠଚମ୍ପାର ବାସ୍ନା ସହ
ନାଗର ସକଳ ଆକର୍ଷଣ ।

ଶତ୍ରୁର ତୋ ସହ ସେଲ୍‌ଫି
ଆଉ ପ୍ରଶସ୍ତିଗାନରେ
ରାତାରାତି ସଂକ୍ରମିତ ଏକ
ତାଜା ଖବର
ହୋଇ ସାରିଥିବୁ ତୁ !

ତୁ ଅନ୍ତର୍ଦ୍ଧ୍ୟାନ ହେବୁ
ଆଉ ଶହସ୍ର ଇମୋଜିର
ଶେଥା ଲୁହରେ ପଚି
ଭୁଷୁଡ଼ି ପଡୁଥିବ
ତୋ ଖାଣ୍ଟି ସମ୍ପର୍କମାନଙ୍କର
ଧାତବ କାନ୍ଥ !
❑

|| ୨୦ ||

ମନେରଖ, ଏ କବିତାର
ଛିଦ୍ର ଦେଇ ତମେ
ଗୋଟେ କ୍ଷତ ଭିତରେ
ପ୍ରବେଶ କରୁଛ,
ଆଉ ଘା' ଉପରେ ମାଛି ପରି
ଯନ୍ତ୍ରଣାରୁ ଆସ୍ୱାଦି ନଉଛ
କାବ୍ୟରସ
ଅଥଚ କବି ଶିହରୀତ ।

ଏବେ, ଫମ୍ପାପଣର
ଓଜନରେ ଗହମଗୁଣ୍ଡ
ପାଲଟି ସାରିଥିବା ଏ ଆୟୁଷ ପାଇଁ
ମୋର କେବଳ
ଲୋଭଟିଏ ଲୋଡ଼ା ।

ଛାତିଭିତର କ୍ଷତାକ୍ତ କଲିଜା
ତମେ ପଢୁଥିବା କବିତାରେ
ରୁପାନ୍ତରିତ ହେବାପରେ
କେତେ ଯେ ଫାଙ୍କା ମୁଁ!

ଅବଶ୍ୟ ଏ ଶୂନ୍ୟତା
ମତେ ଆଶ୍ୱାସନାର ଅମ୍ଳାନ
ହୋଇ ଘେରିଛି ତ ଘେରିଥାଉ,
ଭୁଷୁଡ଼ି ନପଡୁ ପ୍ରଗଲ୍ଭତା,
ଓଠରେ ଜମାଟ ନବାନ୍ଧୁ ଅଶବ୍ଦ।

କୁହ,
ଏ ବେଳରେ କ'ଣ
ଲୋଭଟିଏ ମୋର ପ୍ରାପ୍ୟ ନୁହେଁ?

ମୁଁ ଜାଣେ
କ୍ଷତର ଗଭୀରତାରେ ଉବୁଟୁବୁ
ହୋଇ ତମେ ଏବେ
ପ୍ରତ୍ୟାବର୍ତ୍ତନର ବାଟ ଖୋଜିବ,
ଅବୁଝା ହେବ।

ଖାସ୍ ତମେ ବୁଝିପାରନା ବୋଲି ତ
ମୁଁ ନିଶ୍ଚିନ୍ତରେ ମେଲିଦିଏ
ଶବ୍ଦର ବାଟ,
ଅତଳ ତଳ ଗଭୀରରେ
ସଢୁଥିବା ମୋର ପ୍ରତିଟି କ୍ଷତକୁ।

ସମୁଦ୍ର ଭଳି ଘା' ର ବି
ଗଭୀରତା ହିଁ ତ
ଚରମ ବୈଭବ!

ଆମ ଟ୍ରାକ୍ଟର୍ ଟ୍ରଲିରେ
ଗୋଟିଏ ରାତିଯାତ୍ରା ମତେ

ପିଲାଦିନରୁ ଆଣି
ଏ ବୟସରେ ଥୋଇଦେଲା ପରେ ବି
ମୁଁ କାହିଁକି ଦିଗହୀନ
କହିପାରିବ ?

ମୋ ଦେହ ବାହାରେ ବ୍ୟବସ୍ଥିତ
ମୋର ପ୍ରତିଟି ଅଙ୍ଗ
ତଥାପି ତ ମୁଁ ଜୀବିତ !

ବୁଝୁଛି,
କାରୁଣ୍ୟ ମାନେଇ ଅବୋଧ।
ଅବୋଧ ପଣରେ ଅଧୀର ହୋଇ
ତମେ ଅଧାରୁ ବାଟଭାଙ୍ଗି
ଚାଲିଗଲା ବେଳକୁ
କବିତା ମିଳେଇ ସାରିଥାଏ କ୍ଷତରେ,

ସେଇ କ୍ଷତଟା ଅବିକଳ
କବି ଭଳି ଦିଶେ ଅବିକଳ
କବି ଭଳି ହସେ।
❑

॥ ୨୧ ॥

ଏ ଶସ୍ୟ ଶ୍ୟାମଳା ଦେହର
ଚାରଣ ଭୂଇଁରେ
ଗୋଟାପଣେ ଯାହାର
ମାଲିକାନା,
ମନର ମୃତ ନଈରେ
ତା'ର ବା କି କାମ ?

ଗୋଟେ ଉର୍ବର ପ୍ରେମରେ
ହୃଷ୍ଟପୃଷ୍ଟ ହେଲାପରେ
କିଏ କ'ଣ ତସୁ ଲୋଡ଼େ ?

ତୁ ଠିକ୍ ଜାଣୁ
କେଉଁ ଋତୁରେ ଫଳିବୁ ତୁ
ଆଉ କେଉଁ ହାତରେ
ଅମଳ ହେବ
ତୋ'ର ପ୍ରାପ୍ୟ ।

ବାସ୍ ! ବୟସକୁ ଖତ କର ।

ଜାଣେ ମନର କ୍ଷେତରେ
ମଞ୍ଜି ବୁଣିଥିବା ସବୁ ଚାଷୀ
ଗୋଟେ ଗୋଟେ ପ୍ରେମିକ।
ତଥାପି ତ
ଦୁଃପ୍ରାପ୍ୟ ଗୋଟେ
ଶ୍ୟାମଳ ଋତୁ!
❑

|| ୨୨ ||

ନିଶ୍ୱାସ ବାଣ୍ଟି ବାଣ୍ଟି
ନିଜ ଠିକଣା ସରିଯାଏ
ବିଶ୍ୱାସ ସାଉଣ୍ଟିଲା ବେଳକୁ ନିସ୍ୱ !

ମିଛ ହିଁ ଚରମ ସତ୍ୟ ହୋଇ
ମୋ ଆଗେ ଭୂତ ଭଳି
ଉଭା ହେବାଯାଏ
ମୁଁ ସୁଖୀ ଥାଏ ।

କଞ୍ଚା ଘା ମାନଙ୍କ ରଗ୍ ରଗ୍ ପୀଡାର
ରକ୍ତରେ ମୋ ଗୌରବ
ଥପ୍-ଥପ୍ ଥିପିପଡିଲା ବେଳେ
ମୁଁ ମୂର୍ଖ,
ପ୍ରେମ ଏକ ଯନ୍ତ୍ରଣାସିକ୍ତ
ଉଦାର ସୁଖ ଭାବି ହସିଦେଉଥାଏ ।

ଦୂରରୁ ରେଶମ୍ ଭଳି
ମୁଲାୟମ୍ ଦିଶୁଥିବା ପାହାଡ଼କୁ
ହାତ ପାଦ ବଢେଇ ଛୁଇଁଲା ପରେ ବି
ମିଛର ମଞ୍ଜି କଥାକୁ ହେଜି ପାରେନା ।

ଚାଉଳ ମାପି ମାପି
ଭାତ ବସାଉଥିବା ହାତ
ପ୍ରେମ ଦାନରେ ଏଡେ ବେହିସାବୀ ଯେ
ବନ୍ୟାରେ ଉଜୁଡ଼ିଯାଏ ଚାଷ ଜମି,
ପୋକରା ହୋଇଯାଏ ଭୋକ,
ଅଲୋଡା ରହିଯାଏ ଅନ୍ନଦା !

ସାପମାନଙ୍କ ଆଖିରେ
ମୋର ଆମୃତ ଖୋଜା,
ବିଷ ବଳୟ ଭିତରେ ଅମର
ହୋଇପାରିନଥିବା ପ୍ରେମର ଶବକୁ
ଶାଢ଼ି କରି ପିନ୍ଧିବା ଆଉ
ସେଇ ଶାଢ଼ିର ଶକ୍ତ
ଜାବ ଭିତରେ ଦିନେ
ଚିମୁଟେ ଲୁଣ ପାଲଟି ଯିବା
ମୋର ନିୟତି ।

କିଛି ଶବ୍ଦରେ,
ଶେଥା ପଡିଯାଇଥିବା ଏ ଆୟୁଷକୁ
ଭୁଲେଇ ରଖିବାର
ପ୍ରୟାସ ଟିକକର ଏତେ
ବିଶ୍ଳେଷଣ କିଆଁ ?

ଖୁଣ୍ଟିବାରେ କ'ଣ ଏତେ ମଜା !

ବିଶ୍ୱାସ କର,
ରୂପର ଏ ତୀକ୍ଷ୍ଣତା ରେ
ଯେତିକି କ୍ଷତାକ୍ତ ତମେ
ସେତିକି ହିଁ ରୁଧିରାକ୍ତ ମୁଁ ନିଜେ।

ଆଖି ଆଉ ଶବ୍ଦମାନଙ୍କ
ହାଣରୁ ବର୍ତ୍ତିବାର ଚେଷ୍ଟାରେ
ମୁଁ ଏତେ ଗଭୀର ଯେ
ଏବେ ଏ କୋହ ଓ ଦ୍ରୋହର
ଉତ୍ସ ଖୋଜିବା ଇ ବ୍ୟର୍ଥ !

ନାହିଁ, ନାଡ ଓ ରକ୍ତର ବିସ୍ମୃତିରେ
ଛନ୍ଦି ମତେ ପଂଗୁ କରିସାରିଥିବା
ପ୍ରକୃତ ହିଁ ଜାଣେ
ମୋର ସାମର୍ଥ୍ୟ।

ଚୁମା ଆଉ ଚୋଟକୁ ଅସ୍ତ୍ର ପରି
ପଜେଇ ରଖିଥିବା
ମୋ ବୟସର ଗୋଟେ ନାରୀ
କେଜାଣି କାହିଁକି
ରାତିର ଅନ୍ଧାରକୁ ସକାଳୁ
ଖାଲି ପେଟରେ
ଲେମ୍ବୁପାଣି ପରି ପିଇଯିବାକୁ ବାଧ !
❑

|| ୨୩ ||

ତୋର ମୁକୁଳିଯିବା ହିଁ
ପାଣିପାଗର ବିଭ୍ରାଟ,
ତୋ ଉଛୁଳାପଣରେ
ଅଣନିଃଶ୍ୱାସୀ
ବ୍ରହ୍ମ ଠୁ ବ୍ରହ୍ମାଣ୍ଡ ।

ନୀରବ ନଈଟେ ହ,
ଆଉ ଚୁପ୍‌କରି
ନାଚିକୁଦି ଯିବାକୁ ଦେ
କୂଳରେ ।
ବନ୍ଧଭାଙ୍ଗି, ଢେ଼ଉର ଫଣା ଟେକି
ଭୟ ଦେ' ନା
ଏମାନେ ହୀନମନ୍ୟ, ଭୀତତ୍ରସ୍ତ !

ଯେତିକି ସଂକୁଚିତ ହେବୁ ତୁ,
ସେତିକି ବୋଝ ମୁକ୍ତ
ଏ ଧରା ।

ବୁଝୁଚୁନା,
ତୋ ଢ଼େଣାରେ ହାଣ ଖାଇ
କୁଆଢ଼େ ରକ୍ତାକ୍ତ ହେଲାଣି
ଖୋଦ୍ ମୁକ୍ତି।
ଶାଢ଼ିରେ ହିଁ ସପ ପରି
ଗୁଡ଼େଇ ରଖ୍ ନିଜକୁ
ଦେହ ଦିଶିଲେ ପ୍ରଳୟ,
ମନ ଦିଶିଲେ ଆସକ୍ତି।

ସଞ୍ଜମତାରେ ସନ୍ତୁଳିତ
ଆଉ ଚଞ୍ଚଳତାରେ
ବିପର୍ଯ୍ୟସ୍ତ ପୃଥିବୀଟେ
ଗଢ଼ିଦେବା ସତ୍ତ୍ୱେ
ତୁ ଈଶ୍ୱରୀ ଟେ ନୁହଁ।

ତତେ ଦ୍ରୋହ ବିଦ୍ରୋହର
କଥା ନିଷେଧ କରିବା
ପରେ ହିଁ ତ
ଦମ୍ଭ ପାଏ ଦୋହଲୁଥିବା ମାଟି,
ଏଣୁ ଚୁପ୍ କର !

କେବଳ ବେଲପତ୍ରରେ
ନମଃ ଶିବାୟ ଆଉ
ଡ଼ାଏରୀ ପୃଷ୍ଠାରେ
ରାମକୃଷ୍ଣ ଜପାକ୍ଷର ବାସ୍।

ନିଭୃତ ଆବେଗର
କବିତା ଆଉ ଲେଖନା
ରୂପସୀ !
କାଗଜ ବି କୁଆଡ଼େ
କାମୁକ ପାଲଟିଯିବ !
❑

॥ ୨୪ ॥

ତତେ ସ୍ପର୍ଶ କରିଥିବା
ହାତର ରେଖା ହିଁ
ପ୍ରଲମ୍ବିତ ହୋଇ
ଦୁଇଭାଗ କରିପାରେ
ରକ୍ତ ସାଗରର ଛାତି !

ପ୍ରାଚୀରଟିଏ ହୋଇ
ଛାତି ପାତି ଠିଆ ହୋଇପାରେ
ଦେଶର ସୀମାନ୍ତରେ ।

କଣା ତାଟିଆ ଧରି
କେହି କାଶ୍ମୀର ଦେହିଂ
ଉଚ୍ଚାରିଲେ
ତୋ ଅପ୍ରେମରେ ଖଣ୍ଡ-ଖଣ୍ଡ
ଛାତିସବୁ ଜୋଡ଼ି-ଜାଡ଼ି
ସାଷ୍ଟମ ହୁଅନ୍ତେ
ଆଉ ତୁ ନିର୍ଭୟରେ
ଶିକାରା ଚଢ଼ନ୍ତୁ ।

ତୁ ଗୋଟେ ଲକ୍ଷ୍ୟଭ୍ରଷ୍ଟ
ପ୍ରେମର ଶେଷ ଆଶ୍ରୟ
ହୋଇପାରୁ ରୂପସୀ।

ଅତିକ୍ରମି ଯାଇଥିବା
ପାଦ, ରାସ୍ତା, ସୁଅ, ପବନ
କେହିବି ତତେ
ଛାଡ଼ି ନଥାନ୍ତି କେବେ।
ଆଖି, ମୁଠା ଆଉ
ନିଃଶ୍ୱାସ ବନ୍ଦ କରି
ତୁ ନିଜେହିଁ ଆତ୍ମଗୋପନର
ବାହାନା ଖୋଜୁ
ଆଉ ହାରିଯାଉ।

କେହି ଜଣେ ଗଭୀରତାର
ଶେଷ ବିନ୍ଦୁ ଛୁଇଁ ଦେଲେ
ଯୁଦ୍ଧର ଡ଼ାକରା
ପ୍ରୀତି ଆମନ୍ତ୍ରଣ ଟେ ହୋଇ
ଥରେଇ ଦିଅନ୍ତା
ହୃଦ-ହ୍ରଦର ମଞ୍ଜୀ।

ଦେହର ପ୍ରତିଟି ଭାଙ୍ଗରେ
କିଳା ପିଟିସାରିଛି ଉଆଁସ ରଙ୍ଗର ଜାଇ।
ଦେଶ ଆଉ ଦେହ
ଦୁହେଁ ଏବେ ନିରାପଦ।

ଜାଣେ,
ଏ ରକ୍ତର ଗନ୍ଧ ନଥିଲେ
ତତେ ବି ରୁଚନ୍ତା
ମେଣ୍ଢା ମାଂସର ଗୁସ୍ତବା,
ରୂପତୃଷ୍ଣାରେ ପ୍ରେମର
କୁଅଁଖୋଳି ଚାଲିଥିବା ପ୍ରେମିକ
ପରି ଆତତାୟୀ ମାନଙ୍କ
ବାରୁଦ ଗନ୍ଧ ପୋଛି
ନିଜେ ଯାଚି ଦିଅନ୍ତୁ
ହସ ଆଉ ହିମାଦ୍ରି,
ଚୁମା ଆଉ ଚିନାର,
କେବଳ ଯଦି ନଥାନ୍ତା ଏଠି
ଏ ରକ୍ତର ଗନ୍ଧ !
❑

॥ ୨୫ ॥

ବାଟ-ଘାଟ ବିହୀନ
ଏ ସହରରେ ଶହେ ସଂଶୟର
ସ୍ତର ଭେଦି କୋଉଠୁ ଆସେ
ତୋ ପାଇଁ ପାଣି, ଆଲୁଅ,
ଅମ୍ଳଜାନ ଓ ଆଶ୍ୱାସନା ?

ଆଞ୍ଜୁଳାଏ ପାଣିରେ ବି
କାୟା ବିସ୍ତାରିଥିବା ମନିପ୍ଲାଣ୍ଟ ପରି
ଗୋଟେ ନିଶା, ଗୋଟେ ଝିଅକୁ
ଜାବୁଡ଼ି ତୋର
ଶ୍ୟାମଳେଇଯିବା କ'ଣ ଛୋଟ କଥା !

ତୁ କେଉଁ ଭ୍ରମରେ
ହାତ ହଲେଇ ଆଖି ନଚେଇ
କବିତା ଶୁଣାଉ କିଲୋ ?

ତୋ ଆଙ୍ଗୁଳିର ଚଞ୍ଚଳତାରେ
କଳଙ୍କି ଲାଗିଲାଯାଏ ପରା

ବିଦ୍ରୋହର ନିଆଁ
ଜଳାହୁଏ ଏଠି !

ଦେଖିନୁ ?
ତୋ ଗଳାର ମିଠାପଣରେ
ପିମ୍ପୁଡ଼ି ନ ଲାଗିବାଯାଏ କିପରି
ଶୋଷରେ ବତୁରୁଥାଏ ଏ ସହର !

ନିଜକୁ ସହରଟେ କରି
ବଞ୍ଚୁଥିବା ମଣିଷମାନେ
କେବଳ ଘର ଭଡ଼ା ଭଳି
ଦେଇପାରିବେ ହୃଦୟ ।
ପଡ଼ିଶା ଘର ଡୁଣ ପରି
କ୍ଷଣିକ ଆଦରରେ ତୋର
କେତେ ବା ମୋହ ରୂପସୀ ?

ତୁ ଲିଭା ସଳିତାର
ବାସ୍ନା ଖୋଜିଲାବେଳେ
ନିୟମର ନର୍ଦ୍ଦମାଟେ ଘଣ୍ଟା
ହେଉଥାଏ ପାଖରେ,
ଚୁଇଂଗମ୍ ପରି ମିଛ ସ୍ୱାଦରେ
ଭଣ୍ଡେଇ ଶେଥାପଣର
ଅଠା ବୋଳାହୁଏ
ତୋ ପ୍ରେମର ଭୋକ
ଆଉ ଶୋଷରେ ।

ଫଣା ଓ ଫାସର
ଜଙ୍ଗଲ ୟେ,
ଚୁମା ଆଉ ଚାବୁକ୍ ର
ଚନ୍ଦ୍ରବନ୍ଧନୀ ଭିତରେ
ଗୁପ୍ତ ରହସ୍ୟଟିଏ ପରି
ଗୁମ୍‌ସୁମ୍ ଏଠି ଜୀବନ।

ଧୂପବାସ୍ନା ଭଳି ଆନମନା
ଆସ୍ତୀର୍ଣ୍ଣ ତୁ,
ତୋ ପାଇଁ ଆଦୌ ନୁହେଁ
ଏ ଜାଗା ଲୋ
ଯା, ପଳା ଏଠୁ!
❑

॥ ୨୬ ॥

ମୋର ସମସ୍ତ ନିର୍ଲିପ୍ତତାକୁ
କେହି ସୁଡ଼୍ କରି ଶୋଷିଦେଲା
ପରେ ହିଁ କ୍ଷତ ପରି
ସ୍ରବି ବସେ ମୁଁ।

ଯାହାକୁ ପୋତିବାକୁ ମତେ
ଯୁଗଟେ ଲାଗିଯାଏ ତାକୁ
ଗୋଟେ ଆଖିମିଟିକାରେ ସେ
ଉଖୁରେଇ ଚାଲିଯାଏ।

ହଁ, ପ୍ରତିଥର ମୁଁ ହିଁ ମରେ,
ଆଉ ନିଜେ ସରିଯିବାର ବାହାନା କରେ ଆୟୁଷ।

ମତେ ଭୁଡେଇବା ପାଇଁ
ରୋଗର ପାହାଡ଼,
ପାହାଡ଼ରୁ ପଥର ପରି
ଖସୁଥାଏ ଯନ୍ତ୍ରଣା,
ଯନ୍ତ୍ରଣା ପ୍ରେମରେ ମୁଁ
କେତେବେଳେ ଗଜଲ୍ ହୁଏ ତ
ଆଉ କେତେବେଳେ
ନିଜର ହିଁ ଶୂନ୍ୟସ୍ଥାନରେ
ଲୋଟିପଡ଼ିଥିବା ଗୋଟେ
କ୍ଷତ କବିତା ।

ତମେ ପଢୁ ପଢୁ ଆଖି ଓଦା
ହୋଇଗଲା ଭଳି
ଗୋଟେ ଗପକୁ ବି ଶୋଷି ରଖିଛି ମୁଁ ।

ହେଲେ,
ଖୋଲି ବୁଝେଇ ହୁଏନା
ଛାତିରେ ବିଣ୍ଡା ବାନ୍ଧିଥିବା
ପୀଡ଼ାର ସାରାଂଶ,
ଏଣୁ ଗପ ଲେଖିବା ମନା ମତେ ।

ଇଚ୍ଛା ହେଲେ
ଏ ମୃଦୁ କ୍ଷରଣ ଇ
ଗୋଟେ ନିଷ୍ପାପ କାହାଣୀର
ଝର ବୋଲି ଧରିନେଇ
ପହଞ୍ଚିଯାଅ ମୋ ଶବ୍ଦର ଉତ୍ସରେ
ଆଉ ମୁକ୍ତି ଦିଅ ମତେ

ଅଥବା
ଖୋଲିବା ପୂର୍ବରୁ
ହାତଝାଡ଼ି ବଢ଼ିଯାଅ ଆଗକୁ ।
ବାଧା ଦେବିନି ମୋତେ ।

ଗୋଟେ ପୋତା କବିତାର
ଇଚ୍ଛା ଗୋଟେ କ'ଣ ।
ଯୋର୍ ବା କେତେ !
◻

॥ ୨୭ ॥

ଏ ସୂକ୍ଷ୍ମତା ହିଁ
ବାରମ୍ବାର ଭାଙ୍ଗେ ତାକୁ
ଆଉ ଦୈବିକ ଆତ୍ମବିଶ୍ୱାସର
ଅଠା ମାଖି ସେ
ବାଘୁଣୀ ଭଳି ସାଷ୍ଟାମ ହୁଏ
ପ୍ରତିଥର !

ଛାତିରେ ମରୁ,
ଗର୍ଭରେ ସମୁଦ୍ର,
ଶାଢ଼ିର ଷଡ଼ରତୁରେ
ଅଜୀବନ ଆବୃତ୍ତ
ତାର କଣ୍ଟା ଓ କୋମଳତ୍ୱ ।

ପଞ୍ଜୁରୀ ଭିତରେ
ତାର ସମଗ୍ର ଆକାଶର ଭିତ୍ତି !

ପୁରୁଣା ଦଉଡ଼ି ଭଳି
ଛିଣ୍ଡି ପଡୁପଡୁ
ଯେଉଁଠି ନାଭିଫୁଲ ଭଳି
ପୋତିଦିଏ କିଛିଟା ସ୍ୱାଭିମାନ
ଠିକ୍ ସେଇଠୁ ହିଁ ତ
ଫିଟିଯାଏ ପଞ୍ଚମ ଦିଗ
ତାର ଉର୍ଦ୍ଧ୍ୱାରୋହଣର ।
❑

॥ ୨୮ ॥

ଏଇ ତ ଆରମ୍ଭ !
ପାଣିପରି ଚହଲୁଥିବା ଶୋଷ
ଓ ବାରମ୍ବାର କଅଁଳି ଉଠୁଥିବା
ଶେଷର
ଏଇତ ଆରମ୍ଭ !

ଚିହ୍ନିବାର ଜୁ ନଥିବା
ଗୋଟେ ମୁହଁ ନେଇ ସମୟ
ଆସେ ଆଉ
ଏମିତି ଆବୋରି ବସେ
ଯେମିତି ଆମେ ସବୁ
ଗୋଟାପଣେ ତା'ର ।

ସତେକି,
ତା ଇଙ୍ଗିତରେ ହିଁ
ଆଜନ୍ମ ପାକଳ ମୁଁ
ଓ ତାର ଗୋଟିଏ ଇଶାରାରେ
ତମେ ତତ୍‌କ୍ଷଣାତ୍ ମୃତ ।

ଏଇ ଏବେ-ଏବେ ବୁଝୁଛି,
ସେ ପତ୍ର ପରି
ଝରିବା ଆରମ୍ଭ କଲେ ହିଁ
ପବନ ବହେ ।

ପ୍ରଶ୍ୱାସ, କେବଳ ଆତ୍ମଜ୍ଞାନ ନୁହଁ
ସମୟକୁ ବି
ଶୋଷେ ବୋଲି ତ
ହାତରୁ ବାଲିପରି
ଖସେ ବୟସ ।

ପର୍ବ ନାଁରେ
ତାର ବେଶବଦଳା ପ୍ରେମରତୁ,
ଆଉ କଡ଼ ଲେଉଟାଣିରେ
ରୁଟି ପରି ମୋର
ଦାଗି ହୋଇଯାଇଥିବା ଛାତି
ସବୁ ଗୋଟେ ଗୋଟେ ଭ୍ରମ ।

ବେଳେ ବେଳେ
ଯନ୍ତ୍ରଣା ସହ ପଶେ ଅଧେ
ସୁଖ ନିଗିଡ଼ି ଆସୁଥିବା ତା
ଦେହର ସେ
ଛିଦ୍ରକୁ ମୁଁ ଚିହ୍ନେ !

ଏଣୁ ମନହେଲେ
ହସେ ସିନା, ହେଲେ
କବିତାର ବଳକା ଶବ୍ଦରେ

ପୁଣି
ଗୁଡ଼ ମାଠିଆ ଭଳି ମୁଦି ଦେବାକୁ
ହୁଏ ସେ ଛିଦ୍ର ।

ଏଇ ଯେମିତି ତମେ
ଅଣନିଃଶ୍ୱାସୀ ଦଉଡୁଥିବ
ସମୟ ପିଠିରେ, ଆଉ ତା
ପିଠି ଉପରେ ଲମ୍ବିଥିବା ସେ ରାସ୍ତା
ହଠାତ୍ ସରିଯିବ ।

ଛାତ ଉପରେ ଖରା
ସମୟ ସହ ଗୋଳିହୋଇ
ଅନ୍ଧାର ପାଲଟି ଯାଏ,
ଆଉ କୋକେଇ ପଛରେ
ପ୍ରତିଥର ଏଇ ଅଳାଜୁକ ସମୟ ହିଁ
ଖାଇ ଫିଙ୍ଗୁ ଫିଙ୍ଗୁ କହିଉଠେ,
ପାଣି ପରି ଚହଲୁଥିବା ଶୋଷ
ଓ ବାରମ୍ବାର କଅଁଳି ଉଠୁଥିବା
ଶେଷର
ଏଇ ତ ଆରମ୍ଭ !
❑

॥ ୨୯ ॥

ସାତତାଳ ଗଭୀର ଅନ୍ଧାର ଭିତରେ
କାଗଜ ପରି ମୋଡ଼ି ମକଚି
ଫିଙ୍ଗି ଦିଅ ମତେ
ନାରୀ ମୁଁ!
ନିଜେ, ନିଜ ପାଇଁ, ନିଜ ପାଖକୁ
ପ୍ରତି ଥର
ଆଞ୍ଜୁଳାଏ ଖରା ନେଇ ହିଁ ଫେରିବି।
❑

॥ ୩୦ ॥

ତୁମ ମାୟାଜାଲର
ପ୍ରତିଟି ତନ୍ତୁ ଛିଣ୍ଡି
ମୋ ଭିତରେ ତନ୍ନ ତନ୍ନ
ହେଲାଯାଏଁ ଆଘାତ ଦେଇପାର ।

ଯେଉଁ ଆଲୁଅକୁ ଲୋଭକଲି
ତା ଗୋଟେ ଅଗ୍ନିପିଣ୍ଡ
ବୋଲି ଜାଣିବା ପରେ ବି
ମୋର ତରଳିବା ଜାରିରହୁ ।

ମୁଁ ଜାଣେ,
ଏ ଅର୍ଦ୍ଧଦଗ୍ଧ ପଞ୍ଚେନ୍ଦ୍ରିୟ
ନେଇ ଯେଉଁ ଆକାଶକୁ
ପରଛିଣ୍ଡା ଡ଼େଣାଟେ
ଯାଚିଦେଲେ ବି
ଉଡ଼ାଣ ମୋର ବ୍ୟର୍ଥ ଯିବ !

ଅନ୍ଧାର ସହ ମୋର ଏ
ଘନିଷ୍ଠତାକୁ ସନ୍ଦେହ କରନା।

ତୁମ ଇଚ୍ଛାର ପାଚେରୀ
ଘେରରେ ତ କେବଳ ଅନ୍ଧାର।
ତୁମ ନଥିବାପଣକୁ
ସହିଯିବାର ଉପକ୍ରମ
କଳାବେଳକୁ ହିଁ ଏ ଅନ୍ଧାର
ଭୋଗେ ମତେ
ଆଉ ଗୋଟେ
କାଳଖଣ୍ଡର କବିତା
ପାଲଟିଯାଏଁ ମୁଁ।

କୂଅଁରେ ଦଉଡ଼ି ପକେଇ
ଟାଣିଲା ଭଳି
ମତେ କାଳଗର୍ଭରୁ
ଟାଣି ଆଣିଛ ଯେତେବେଳେ
ମୁଁ
ଅନାଲୋକିତ ରହେ ପଛେ
ତୁମ ସକଳ
ତିରସ୍କାରିତ ସ୍ୱାଭିମାନ
ମୋ ପୂର୍ଣ୍ଣ ସମର୍ପଣର
ଘିଅରେ
ବତି ଭଳି ବୁଡ଼ି ଜଳୁଥାଉ !
❑

|| ୩୧ ||

ଗପ ଲେଖିଲା ଭଳି
ତୁ ହିଁ ଲେଖୁ ଆଉ
କେବେ କେବେ ନିଶ୍ଚିହ୍ନ
ହେବାଯାଏ ଲିଭାଉଥାଉ ମତେ ।

ଜାଣିଥିଲି
ଦିନେ କଣ୍ଟା ଆଉ କାଚର
ଏ ଖେଳରେ
ଲୁଗା ଭଳି ଛିଣ୍ଡିବି ।
ତୁ ମରୁଭୂମିର ବାଲି ହୋଇ ତାତିବୁ
ଆଉ ମୁଁ ମାଛର
ଶୋଷ ନେଇ ମରିବି ।

ଶୁଣ୍,
ତୋ ରାସ୍ତା ସାରା
ପିଚୁ ହେଇ ଢ଼ଳିସାରିଛି ।
ପୋଷାକ ଭାବି

ଯାହାକୁ ପିନ୍ଧି ବାଟ ଚାଲୁଛୁ ନା
ସେ ବାସ୍ନାତକ ମୋର।

ପ୍ରେମ ଫେଣ୍ଟା
ଗୋଟେ ନିଶା ମୁଁ।

ତୋ ଆଦିମ ଆଉ ଆତ୍ମିକ
ପ୍ରତିଟି
ଉଚ୍ଛନ୍ନତାର
ଶେଷ ଆଶ୍ରୟ ମୋ କୋଳ।

ତୁ ଜାଣିନୁ
ଛୁଞ୍ଚି ମୂନରୁ ଉତୁରୁଥିବା
ଏମ୍ବ୍ରୋଡୋରି ଫୁଲ ଭଳି
ତୋ ଆଖିରୁ ମୋ ଛାତିକୁ ଆସ୍ତେ-ଆସ୍ତେ
ମାଡିଯାଇଚି ଚେର
ତୋ ଭିତରେ ଅଧାଭାଗ
ମୁଁରେ ଭର୍ତ୍ତି,
ମୋ ଭିତର
ଗୋଟାପଣେ ତୋର।

ସହସ୍ର ମରଣର ନଈରୁ
ମତେ ପତ୍ର ପରି
ଛାଣି ଆଣୁଥିବା ମୋର
ଅମୃତ ଟୋପା,
ଏବେ ନିଜଠୁ ଛିଣ୍ଡେଇ ମତେ
କୋଉଠି ଫିଙ୍ଗିବୁ କହ!

ମୁଁ ମୃତ୍ୟୁକାମୀ ଯନ୍ତ୍ରଣାଟେ ହେଲେ
ପ୍ରତିଥର
ତୁ ହିଁ ତ ନିସର୍ଗରେ
ପାଲଟିଯାଉ ମୋ
ଆଶ୍ୱାସନାର ଅରଖ ଫଳ ।
❑

॥ ୩୨ ॥

ପ୍ରେମ ଗୋଟେ ସୂକ୍ଷ୍ମ
ଉଦାରତା ହେଲେ
ପ୍ରେମହୀନତାରେ ତମେ
ସଂକୀର୍ଣ୍ଣ ହୋଇଯିବା
କୋଉ ବଡ଼ କଥା କି !

❑

॥ ୩୩ ॥

ଯେତେଥର ମୁଖାମୁକ୍ତ ହୋଇଛି ଗୋଟେ ସମ୍ପର୍କ
ମତେ ସେତିକି ବେଶି କଳାତ୍ମକ ଲାଗିଛି ଏ ସୃଷ୍ଟି ।
❑

॥ ୩୪ ॥

କାହା ଲୁହକୁ
ଶଙ୍ଖ ଉପରେ ଅର୍କଭଳି
ଛିଞ୍ଚିଦେଲା ବେଳେ
ଯାହାର ହାତ ଥରି
ବିପର୍ଯ୍ୟସ୍ତ ହୋଇଯାଏ ଧାଡ଼ି
ମୁଁ ସେଇ ।

ରକ୍ତସ୍ରାବ ରୋକିପାରେନା ଯିଏ
କ୍ଷତକୁ ଖୁଣ୍ଟିବ
କୋଉ ଅଧିକାରରେ ?

ସେଥିପାଇଁ ତ କବିତା ହିଁ
ହେଲାନି ମୋ ଦେଇ ।

ମିଠାପାଣିର ଝର
ଖୋଜିବାକୁ ଯେଉଁ

ଅନ୍ଧ ଶୋଭାଯାତ୍ରାଟେ ବାହାରେ
ମୁଁ ସେଠି ନଥାଏ ।

ଉଠାଣିକୁ ପାଦ ନ ଦେଇ
ଶିଖର ପ୍ରାପ୍ତି ପାଇଁ
ସାରାରାତି ଯେଉଁ
ଅନ୍‌ଲାଇନ୍ ମଶାଲ ଜଳେ
ମୁଁ ସେଠୁ ବି ଫେରାର୍ ।

ସେମାନଙ୍କ
ସର୍‌ଗରମ ଚର୍ଚ୍ଚାରେ କାଇଁ
ଟିକିଏ ବି ତ
ଥମେନା ରକ୍ତ !

ଏଣୁ ମୁଁ ଚୁପ୍ ଚାପ୍
ଶୀତ ପାଇଁ ଜାଲ ସଜାଡ଼େ ।

ସେଦିନ,
ଚେରଛିଣ୍ଡା ସମ୍ପର୍କଟେ
ନାଳରେ ଅଣନିଃଶ୍ୱାସୀ
ହେଲାବେଳକୁ
ସବୁ କବି ନିଦରେ ।

ଡିସେମ୍ବରକୁ ସ୍ୱେଟର ଭଳି
ପିନ୍ଧି କୁଣ୍ଢାମାନଙ୍କୁ
କମ୍ବଳ ବାଣ୍ଟି ବାହାରିଥିଲି ।
ହାତରେ

ମୋବାଇଲ୍ ନଥିଲା
ନହେଲେ ଦେଖିଥାନ୍ତ
ଦୀର୍ଘ ଅପେକ୍ଷାର ମୃତନଈରୁ
ଝାଡ଼ିଚୁଡ଼ି ହୋଇ
ନିଜପାଖକୁ କେମିତି
ଆଞ୍ଜୁଳାଏ ଖରା ନେଇ ଫେରିଲି !
❑

|| ୩୫ ||

ଅଧରାତିରେ ଉଠିଥିବା
ଅସମ୍ଭାଳ କାଶ
ଗୋଟିଏ କବିତାରେ
ପ୍ରଥମ ଧାଡ଼ି ହୋଇପାରେ
ଶେଷ ବି !

ବାରମ୍ବାର କର ଲେଉଟାଉଥିବା
ଅନ୍ଧାର ଯେତେବେଳେ
ବାମ୍ ଭଳି ନେସି ହୋଇଯାଏ
ଛାତିରେ,
ଯେବେ ଶବ୍ଦକୁ ଲାଗି
ଶୋଇ ରହେ ଆଉ ଏକ
ଅଣନିଃଶ୍ୱାସି ଶବ୍ଦ
ସେତେବେଳେ,
ଗୋଟେ ଅଦ୍ଭୁତ ଗୀତର
ସୁର୍‌ରେ ଛନ୍ଦ ଭଳି
ଗୁନ୍ଥି ହୋଇଥାଏ ଏ ରୋଗ ।

ନିଜ ପାଇଁ ନିଜେ
ପଥ୍ୟ ତିଆରି ବେଳେ
ଅଦା, ଗୋଟମରିଚ ଆଉ
ତୁଳସୀ ସହ ଅଳ୍ପ ଟିକେ
ଅଭିମାନ ବି ଫୁଟିଥାଏ !

ରୋଗ ଜାଣେନା
ଅନ୍ଧାରରେ ଆଶ୍ୱସ୍ତ ଯେଉଁ
ଆଖିମାନଙ୍କୁ
କଣ୍ଟା ଭଳି ଫୋଡ଼ିଦିଏ ଦିବାଲୋକ
ସେମାନଙ୍କୁ ସକାଳ ମନା ।

ଛାତିରେ ପଥର ଲଦିଦେଲା ପରେ
ଫୁଲ ସବୁ ଝଡ଼ିଯାଏ
ଆଉ ଘାସ ପରି
ବଢ଼ି ଚାଲିଥାଏ ପୀଡ଼ା,
କମ୍ବଳ ଢ଼ାଙ୍କିହୋଇ
ଶୋଇରହେ ଶବ୍ଦ,
ସ୍ୱପ୍ନଟିଏ ଅପସରିଗଲେ
କାହିଁକି ଯେ ଏଡ଼େ ଆସନା
ଲାଗେ ଏ ଅନିଦ୍ରା ଉତ୍ସବ !

ହାତଦେଇ ଚାପିରଖିଥିବା
କଳର ପାଣିସୁଅ ଭଳି
ରୁଦ୍ଧ ଧଇଁକାଶଟେ
ଛାତିଚିରି ବାହାରି ଆସିବା
କ୍ଷଣରେ ହିଁ

ସମ୍ପୂର୍ଣ୍ଣ ହୋଇଯାଏ
ଗୁଣ୍ଡ-ଗୁଣ୍ଡ କୁହ୍ଲାଣର କବିତା।

ଲାଗି ଶୋଇଥିବା ଶବ୍ଦ
ଘୁଞ୍ଚିଯାଇ ମୁହଁ ବିକୃତ କରେ
ଇଃ! କି ରୋଗ।
ଯାଃ
ଟେଳାଏ ସୁଖର
ଲୋଭରେ ପଡ଼ି
ନିଃଶ୍ୱାସ ଫାଶରେ ଛଟ୍‌ପଟ୍
ଏବେ କବିତାରେ ପ୍ରତିଟି ବିମ୍ବ।
❑

॥ ୩୬ ॥

ଆଉ ଏତେ ସବୁ ଜ୍ୱଳନ ସତ୍ତ୍ୱେ
ଏ ଜୀବନ ଗୋଟେ
ଚନ୍ଦନବନ ରୂପସୀ
ଯା, ମହକି ଯା !

ଗୋଡ଼ ଛିଣ୍ଡିବା ପୂର୍ବରୁ
ଚିହ୍ନିନେ ରାସ୍ତା, କିଣିପକା ଯୋତା,
ପାଦ ସହ ନିଜେ
ଥରେ ବୁଡ଼ ପକା ମାଟିରେ
ଦେଖିବୁ,
ପ୍ରତିଟି ଭ୍ରୁଣ ତୋରି ଅପେକ୍ଷାରେ !

ନିଜକୁ ଚିପୁଡ଼ି ଦେବା ପରର
ହାଲୁକା ପଣରେ ଜିଁ !

ଏ ମିଛ ଶବ୍ଦ ମାନଙ୍କ ଉପରେ
ଢ଼ିରା ଦେଇ ବସ୍‌ନା, ଗଳିପଡ଼ିବୁ ।

ନିଃଶବ୍ଦତାର ଓଢ଼ଣୀ ଉଡ଼ା
ଉଚ୍ଚକୁ ଆହୁରି ଉଚ୍ଚକୁ।

ତୋ ଅନ୍ଧାରୁଆ ଛାତରେ
ଜହ୍ନଟେ ହୋଇ ଉଇଁ
ଦେ ଲିଭେଇଦେ ଉଆଁଷର ଈର୍ଷା।

କେବେ ଥରେ
ଲୁହରେ ବୁଡ଼େଇ
ଚାଖି ଦେଖି ସୁଖ, ଜାଣିବୁ
ଯାହାକୁ ଚିହ୍ନିବାର ଚେଷ୍ଟାରେ
ଲୁଣ ଚରିଯାଇଛି ତୋର
ଭୋକ ଓ ଶୋଷ
ତୁ ନିଜେ ହିଁ ସେଇ ସ୍ୱାଦ !

ଏ ଅସହାୟତାର
ନିଆଁଲଗା କୋହମାନଙ୍କୁ
ଟେଳାଏ ଲେଖାଁ ଅଫିମ ଦେଇ
ଏଥର ମରିବାକୁ ଛାଡ଼।

ଆ ମୋ ସାଙ୍ଗେ,
ଦେଖେଇ ଦେବି, ଦର୍ପଣ ଭିତରେ
ଜୀବନ ବୋଲି କିଛି ଗୋଟେ
କେବେଠୁ ତୋ ଅପେକ୍ଷାରେ।

ତୁଚ୍ଛା ବ୍ୟାକୁଳତାକୁ
ଛାତିରେ ନେଇ ଯେତେଥର

ଭାଙ୍ଗି ଚୁନା ହେଲୁ
ସେତିକି ନମନୀୟ ଏବେ
ତୋର ହାଡ଼ ଠୁ ହୃଦୟ।

ଶ୍ମସାନରେ ନିଜଲୋକର
ଅସ୍ଥି ଖୋଜିଲା ଭଳି
ସାରାଟା ଆୟୁଷ ଜାଳି
ଖୋଜିହେଲୁ ଯାହାକୁ
ଆଜି,
କାନଖୋଲି ଶୁଣ୍ ରୂପସୀ
ତୁ! କେବଳ ତୁ ହିଁ
ସେଇ ପ୍ରେମ।
❑

www.ingramcontent.com/pod-product-compliance
Lightning Source LLC
Chambersburg PA
CBHW052110070526
44584CB00017B/2429
* 9 7 8 1 6 4 5 6 0 0 0 7 7 *